Inhalt

Tabakverarbeitung - nur der Absatz von Pfeifentabak wächst

Kernthesen

Beitrag

Fallbeispiele

Zahlen und Fakten

Weiterführende Literatur

Impressum

Tabakverarbeitung - nur der Absatz von Pfeifentabak wächst

Markus Hofstetter

Kernthesen

- Der Absatz von versteuerten Tabakwaren ging in fast allen Segmenten von 2011 auf 2012 zurück, nur Pfeifentabak war im Plus. Die Entwicklung setzte sich im ersten Quartal 2013 fort.
- Die Zigarettenhersteller geben die Tabaksteuererhöhung Anfang 2013 verspätet weiter, was im Handel für großen Unmut sorgte.
- Jede fünfte in Deutschland gerauchte Zigarette ist unversteuert, die Hälfte davon entfällt auf Schmuggelware.
- Zigarettenindustrie und Handel wollen die

neue Tabak-Produkt-Richtlinie der Europäischen Union verhindern, die unter anderem Schockbilder auf den Verpackungen vorsieht.

Beitrag

Versteuerte Tabakwaren: nur Pfeifentabak mit Absatzplus

2012 wurden laut dem Statistischen Bundesamt (Destatis) in Deutschland rund 82,4 Milliarden Zigaretten versteuert. Dies waren 5,9 Prozent weniger als 2011. Der Absatz von Zigarren und Zigarillos reduzierte sich um zehn Prozent auf etwa 3,8 Milliarden Stück. Die Menge des versteuerten Feinschnitts ging leicht um 0,4 Prozent auf 26 922 Tonnen zurück. Dagegen stieg im Vergleich zum Vorjahr der Absatz von Pfeifentabak um 12,4 Prozent auf 1 029 Tonnen. Destatis zufolge erklärt sich diese Entwicklung durch die zum 1. Januar 2012 erfolgte Tabaksteuererhöhung bei allen Tabakerzeugnissen, nur Pfeifentabak war davon nicht betroffen. Die Steuern bei einer Fünf-Euro-Packung Zigaretten belaufen sich nun auf 3,68 Euro.

Längst nicht so deutlich fiel 2012 das Minus beim Kleinverkaufswert aus. Hier wurden insgesamt Tabakwaren mit einem Kleinverkaufswert von knapp 24,3 Milliarden Euro versteuert. Das war nur ein Prozent weniger als im Vorjahr. Das Gesamtminus wurde ausschließlich von der Zigarette verursacht, deren Kleinverkaufswert um 2,6 Prozent auf 20,1 Milliarden Euro zurückging. Die übrigen Tabakerzeugnisse verzeichneten Zuwächse. So legte Feinschnitt um 8,9 Prozent auf 3,3 Milliarden Euro zu. Der Wert bei Zigarren/Zigarillos stieg um 1,4 Prozent auf 746,7 Millionen Euro. Die deutliche Diskrepanz zum zehnprozentigen Absatzminus erklärt sich durch die hohe mengenmäßige Bedeutung der preisgünstigen Eco-Zigarillos, die von den steuerlichen Änderungen besonders betroffen waren. Pfeifentabak realisierte ein Wachstum von 8,3 Prozent auf 104,7 Millionen Euro.

Das Absatzminus bei den Zigaretten setzte sich auch im ersten Quartal 2013 fort. So wurden mit 17 Milliarden Zigaretten rund 6,8 Prozent weniger versteuert als im Vergleichszeitraum 2012. Der Absatz von Zigarren und Zigarillos ging um 13,8 Prozent und die Menge des versteuerten Feinschnitts um 1,4 Prozent zurück. Hingegen stieg der Verkauf von Pfeifentabak um 2,6 Prozent.

Insgesamt wurden im ersten Quartal 2013

Tabakwaren im Kleinverkaufswert von 5,1 Milliarden Euro versteuert. Das waren 247 Millionen Euro beziehungsweise 4,6 Prozent weniger als im ersten Quartal 2012. Aufgrund der Steuererhöhung zum Jahreswechsel kostet eine Zigarette nun durchschnittlich 24,50 Cent statt 24,19 Cent. Und es wird weiter teurer werden für die Raucher. Denn bis einschließlich 2015 stehen jeweils zum Jahreswechsel weitere Steuererhöhungen für Zigaretten und Feinschnitt an. (1), (2), [Abb. 1]

Tabaksteuer: große Tabakhersteller geben Erhöhung verspätet weiter

Die Tabaksteuererhöhung Anfang 2013 sorgte in der Branche, vor allem beim Handel, für Aufregung. Grund war, dass die vier großen Zigarettenhersteller Philip Morris, Reemtsma, British American Tobacco (BAT) und Japan Tobacco International (JTI) die erhöhte Tabaksteuer nicht bei allen Marken über entsprechend veränderte Banderolenpreise an die Endverbraucher weitergegeben hatten. Der Margenverzicht traf die Hersteller zu zwei Dritteln. Die Händler trugen unfreiwillig den Rest. Dementsprechender Unmut traf die Hersteller. Eine Ausnahme war die Heintz van Landewyck Tabak-

und Cigarettenfabrik mit den Hauptmarken Ducal und Boston. Der Hersteller hatte von Anfang an die Erhöhung der Tabaksteuer proportional weitergegeben.

Doch schließlich besannen sich die Hersteller. Philip Morris machte den Anfang. Der Hersteller erhöhte zum 21. Mai 2013 fast alle Zigarettenpreise um 20 Cent pro Standardpackung à 19 Zigaretten. Damit wälzt das Unternehmen das per Anfang 2013 geltende Aufgeld der Tabaksteuer mittels erhöhter Banderolenpreise über. Dies war der Dammbruch. Reemtsma, BAT und JTI wollen nun ebenfalls ihre Preise erhöhen. (4), (5), (6), (7)

Unversteuerte Zigaretten: jede fünfte Zigarette wird am Fiskus vorbei geraucht

Ob tatsächlich weniger Menschen in Deutschland rauchen, wie es die rückgängigen Absatzzahlen bei Zigaretten suggerieren, ist unklar. Denn laut einer Studie des Wirtschaftsprüfungs- und Beratungsunternehmens KPMG im Auftrag von Philip Morris war 2012 mehr als jede zehnte hierzulande gerauchte Zigarette gefälscht oder geschmuggelt. Hinzu kommen nahezu noch mal so viele legal im Ausland erworbene Tabakwaren. KPMG schätzt, dass mehr als jede fünfte hier gerauchte Zigarette nicht in Deutschland versteuert wird. Der Steuerausfall in Deutschland liegt bei etwa vier Milliarden Euro. (17)

Dies deckt sich mit den Ergebnissen der seit 2005 durchgeführten repräsentativen Entsorgungsstudie durch das Duale System. Demnach wurde 2012 jede fünfte konsumierte Zigarette in Deutschland nicht versteuert. Auf insgesamt 21,5 Milliarden Stück nicht in Deutschland versteuerte Zigaretten schätzt der Deutsche Zigarettenverband die Zahl der geschmuggelten und im Rahmen von Privatimporten eingeführten Zigaretten. Das sind rund zwei Milliarden Stück weniger als 2011. Das bedeutet zwar eine leichte Entspannung in Sachen Schmuggel, ein grundsätzlicher Wandel ist allerdings nicht festzustellen. In den neuen Bundesländern ist der Anteil an nicht versteuerten Zigaretten am Konsum mit einem Anteil von 44,5 Prozent unverändert extrem hoch. In den alten Bundesländern lag der Anteil der "Nichtversteuerten" im Jahresdurchschnitt 2012 bei 14,3 Prozent.

Angesichts dieser Zahlen nehmen sich die Aufgriffe des Zolls in Sachen Zigarettenschmuggel gering aus. Insgesamt haben die Zollbehörden 2012 rund 146 Millionen illegal gehandelter Zigaretten sichergestellt. Gegenüber dem Vorjahr mit 160 Millionen Stück bedeutet dies einen Rückgang von fast zehn Prozent. Ob dies aber gleichzeitig auch auf einen Rückgang des Zigarettenschmuggels schließen lässt, ist angesichts der Milliarden unversteuert gerauchter Zigaretten zweifelhaft. (8), (9), [Abb. 2]

Tabak-Produkt-Richtlinie: Hersteller und Handel wehren sich gegen Schockbilder

Im Dezember 2012 veröffentlichte die Europäische Kommission einen Vorschlag zur Neufassung der Tabak-Produkt-Richtlinie (TPD 2). Diese sieht vor, dass ganze Sortimentsbereiche wie Menthol- oder Slim-Zigaretten vom Markt genommen werden. Zudem sollen die Warnhinweise, ergänzt um großflächige Schockbilder, künftig 75 Prozent der Verpackung bedecken. Ziel der neuen Richtlinie ist es, den Jugendschutz zu stärken.

Doch die Tabakwarenhersteller und der Handel wehren sich. In der Initiative Entscheiden Sie selbst! haben sich unter anderem der Bundesverband des Tabakwaren-Einzelhandels, die Gewerkschaft Nahrung-Genuss-Gaststätten, der Deutsche Zigarettenverband, der Bundesverband Deutscher

Tabakwaren-Großhändler, Automatenaufsteller und Philip Morris zusammengeschlossen. Sie führen an, dass die EU damit in erster Linie die Existenzen kleiner Einzelhändler zerstören würde. So könnte der Fachhandel viele Kunden an den illegalen Handel verlieren, bei dem auch weiterhin die alten Verpackungen erhältlich wären. Zudem würde der Fachhandel das Alleinstellungsmerkmal der Tabakfachhändler mit ihrem breiten Angebot an Tabakwaren zerstören. Ohne Vielfalt braucht der Verbraucher keine Beratung. Viele Kunden würden dann dort kaufen, wo es am billigsten ist. Dadurch würde der Schwarzmarkt gestärkt und weitere Kunden kauften nur noch billige Ware im Supermarkt.

Die Initiative Entscheiden Sie selbst" sieht sich durch eine von ihr in Auftrag gegebene Forsa-Umfrage in ihren Ansichten gestärkt. Demnach sind rund drei Viertel der Bundesbürger davon überzeugt, dass die von der EU-Kommission vorgeschlagenen großformatigen Warnhinweise mit Schockfotos auf den Zigarettenpackungen nicht geeignet sind, um Raucher vom Rauchen abzuhalten. Auch hinsichtlich des geplanten Verbots von Menthol- und Slim-Zigaretten sehen 78 Prozent der Bürger keine konsumreduzierende Wirkung. (11), (12), (13)

Trends

Additivfreie Tabakwaren: von einem Nischen- zum Wachstumsmarkt

Tabakprodukte ohne Zusatzstoffe haben sich von einer Marktnische zu einem Wachstumssegment entwickelt. Das steigende Absatzvolumen resultiert sowohl aus einer deutlich angestiegenen Nachfrage als auch aus einem immer breiteren Angebot, das die Nachfrage zusätzlich belebt. Zu Beginn war das AddFree-Segment der zusatzstofffreien Zigaretten und Feinschnitttabake eine Premiumnische, in dem vor allem kleinere und mittelständische Hersteller erfolgreich waren. Doch seit 2011/12 entdecken auch die großen Zigarettenhersteller die Nische und haben mit additivfreien Erweiterungen einiger bekannter Markenfamilien ein veritables neues Segment entstehen lassen. Herstellerangaben zufolge vereinigten die additivfreien Zigaretten Ende 2012 rund 3,6 Prozent Marktanteil auf sich. Beim Feinschnitt wurde er auf mehr als zehn Prozent beziffert. Durch die Angebotserweiterung und die dadurch ausgeweitete Distribution nimmt das Segment derzeit weiter Fahrt auf. Größte

Zigarettenmarke ohne Zusatzstoffe ist die Lucky Strike Straight mit einem Marktanteil von geschätzten knapp 1,3 Prozent im Dezember 2012, vor Pall Mall mit knapp 0,9 Prozent und Natural American Spirit, welche nach eigenen Angaben einen Marktanteil von 0,5 Prozent im Gesamtjahr 2012 verzeichnete. Aber auch andere Marken, wie JPS Just, Gauloises Frei von Zusätzen und L&M ohne Zusatzstoffe weisen hohe Zuwachsraten auf. (14)

Fallbeispiele

BAT: investiert in neue Fabrik

Der Zigarettenhersteller British American Tobacco investiert 46 Millionen Euro in eine neue Fabrik für Rohtabak an seinem Standort in Bayreuth. Das Werk soll im ersten Quartal 2014 mit der Produktion beginnen. 30 bis 40 neue Arbeitsplätze sollen entstehen. (15)

Reemtsma: mehr additivfrei im Angebot

Reemtsma setzte in den ersten Monaten 2013 den

Fokus vor allem auf den Ausbau beziehungsweise die Aktualisierung der Marke JPS. So wurden Big-Box-Varianten für die JPS Just Red & Blue, eine Zigarette ohne Zusatzstoffe, vorgestellt. Die 26-Stück-Packung hat einen Kleinverkaufspreis von sechs Euro.

Für preissensible Kunden, die zusatzstofffreien Tabak rauchen und dabei ihre Zigaretten selbst stopfen wollen, bietet JPS Just nun auch einen Volumentabak. Die JPS Just Volumentabake gibt es in den Versionen Red & Blue. Der Kleinverkaufspreis für die 80-Gramm-Dose beträgt 11,95 Euro. (16)

Zahlen & Fakten

Abbildung 1: Zigarettenmarkt in Deutschland nach Absatz, Umsatz und Steueraufkommen 2000-2012

Jahr	Absatz in Milliarden Stück	Umsatz aufkommen* in Milliarden Euro	Steuer-
2000	139,6	19,2	13,5
2001	142,5	19,9	14,2
2002	145,2	21,6	16,2
2003	132,6	21,1	16,2

2004	111,7	20	15,4
2005	95,8	19,5	15,2
2006	93,5	19,9	15,6
2007	91,5	20	15,9
2008	88	19,4	15,4
2009	86,6	19,6	15,3
2010	83,6	19,2	14,9
2011	87,6	20,6	16
2012	82,4	20,1	15,5

* Tabaksteuer und Mehrwertsteuer Quelle: Deutscher Zigarettenverband (DZV), Statistisches Bundesamt, WHO Entnommen aus: Homepage Deutscher Zigarettenverband, (3)

Abbildung 2: An der Steuer vorbei

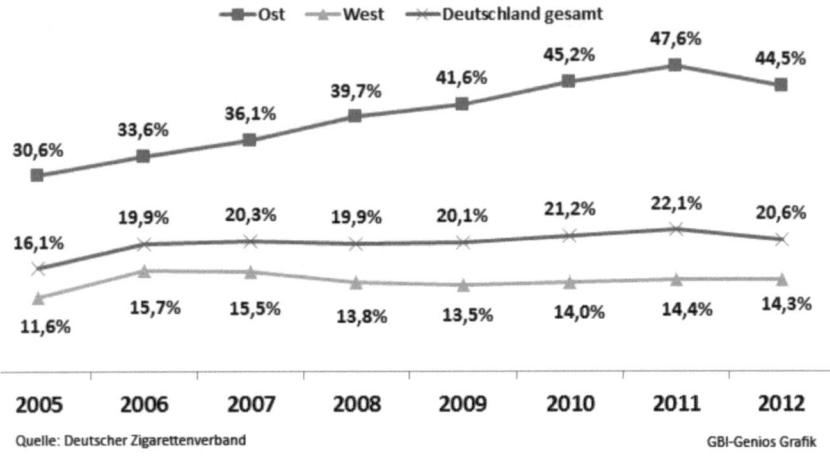

Entnommen aus: Homepage Deutscher Zigarettenverband, (10)

Weiterführende Literatur

(1) Tabaksteuer-Einnahmen gingen nur leicht zurück
Weniger Tabakwaren versteuert
aus Die Tabak Zeitung vom 25.01.2013, Nr. 004/2013

(2) Tabakwaren: Weniger Zigaretten versteuert
aus www.lebensmittelzeitung.net vom 22.04.2013

(3) Absatz, Umsatz und Tabaksteuer
aus www.lebensmittelzeitung.net vom 22.04.2013

(4) Tabakhändler verärgert über Spannenverluste

aus Lebensmittel Zeitung 08 vom 22.02.2013 Seite 018

(5) Philip Morris setzt erhofftes Preissignal
aus Lebensmittel Zeitung 15 vom 12.04.2013 Seite 012

(6) Reemtsma und BAT verteuern auch
aus Lebensmittel Zeitung 17 vom 26.04.2013 Seite 010

(7) JTI verteuert Camel und Winston
aus Lebensmittel Zeitung 19 vom 10.05.2013 Seite 012

(8) Im Jahr 2012 wurden 146 Millionen Schmuggelzigaretten beschlagnahmt Zollbilanz: Zigarettenschmuggel steht nicht mehr so im Fokus
aus Die Tabak Zeitung vom 29.03.2013, Nr. 013/2013

(9) Nach wie vor Probleme durch Schmuggel & Co
aus Die Tabak Zeitung vom 05.04.2013, Nr. 014/2013

(10) Nicht versteuerter Zigarettenabsatz
aus Die Tabak Zeitung vom 05.04.2013, Nr. 014/2013

(11) Bundesbürger: Schockbilder unwirksam
aus Die Tabak Zeitung vom 29.03.2013, Nr. 013/2013

(12) Tabakproduktrichtlinie gefährdet im Kern Existenzen kleiner Einzelhändler / Josef Spohn fürchtet um Fortbestand seiner drei Läden EU-Kommission verschreckt den Tabakwaren-Fachhandel
aus Die Tabak Zeitung vom 12.04.2013, Nr. 015/2013

(13) Warnhinweise sind umstritten
aus Lebensmittel Zeitung 15 vom 12.04.2013 Seite 038

(14) Wachstumsmarkt "ohne Zusatzstoffe" Nachfrage nach additivfreien Tabakprodukten steigt
aus Die Tabak Zeitung vom 29.03.2013, Nr. 013/2013

(15) BAT investiert 46 Mio. Euro
aus Die Tabak Zeitung vom 03.05.2013, Nr. 018/2013

(16) JPS baut zusatzstofffreie Varianten aus / Neues Design für Rizla und JPS Reemtsma hält mit Innovationen OTP-Führungsanspruch aufrecht
aus Die Tabak Zeitung vom 19.04.2013, Nr. 016/2013

(17) Tabakwaren: Weniger Zigaretten versteuert
aus www.lebensmittelzeitung.net vom 22.04.2013

Impressum

Tabakverarbeitung - nur der Absatz von Pfeifentabak wächst

Bibliografische Information der deutschen Nationalbibliothek

Die Deutsche Nationalbibliothek verzeichnet diese Publikation in der deutschen Nationalbibliografie; detaillierte bibliografische Daten sind im Internet über http://dnb.d-nb.de abrufbar.

ISBN: 978-3-7379-2516-7

© 2015 GBI-Genios Deutsche Wirtschaftsdatenbank GmbH, Freischützstraße 96, 81927 München, www.genios.de

Alle Rechte vorbehalten. Dieses Werk ist einschließlich aller seiner Teile – z.B. Texte, Tabellen und Grafiken - urheberrechtlich geschützt. Jede Verwertung außerhalb der Grenzen des Urheberrechtsgesetzes bedarf der vorherigen Zustimmung des Verlags. Dies gilt insbesondere auch für auszugsweise Nachdrucke, fotomechanische Vervielfältigungen (Fotokopie/Mikroskopie), Übersetzungen, Auswertungen durch Datenbanken oder ähnliche Einrichtungen und die Einspeicherung und Verarbeitung in elektronischen Systemen.